当代公益慈善译丛

教你如何口到钱来

[美]杰罗德·帕纳斯(Jerold Panas)◎著
曾 记　陈 岑◎译
陈 峰◎译校

59分钟教你如何成功募捐，慈善组织志原者及员工的必备宝典

ASKING

A 59 minute Guide to Everything Board Members, Volunteers, and Staff Must Know to Secure the Gift

SPM
南方出版传媒
广东人民出版社
·广州·

图书在版编目（CIP）数据

教你如何口到钱来／（美）帕纳斯（Panas，J.）著；曾记，陈岑译；陈峰译校. —广州：广东人民出版社，2016.10
（当代公益慈善译丛）
ISBN 978-7-218-10525-3

Ⅰ.①教… Ⅱ.①帕… ②曾… ③陈… ④陈… Ⅲ.①慈善事业—集资—研究 Ⅳ.①C913.7

中国版本图书馆 CIP 数据核字（2015）第 261986 号

著作权合同登记号 图字：19－2014－142
ASKING by Jerold Panas

教你如何口到钱来
（美）帕纳斯（Panas，J.）著
曾记 陈岑 译 陈峰 译校

出 版 人：曾 莹

特约编辑：黄洁华
责任编辑：卢雪华 黎 捷
责任技编：周 杰
封面设计：李桢涛

出版发行：广东人民出版社
地　　址：广州市大沙头四马路 10 号（邮政编码：510102）
电　　话：（020）83798714（总编室）
传　　真：（020）83780199
网　　址：http://www.gdpph.com
印　　刷：广州市怡升印刷有限公司
开　　本：787mm × 1092mm 1/16
印　　张：5　**插　页：**2　**字　数：**100 千
版　　次：2016 年 10 月第 1 版 2016 年 10 月第 1 次印刷
定　　价：25.00 元

如发现印装质量问题，影响阅读，请与出版社（020－83795749）**联系调换。**
售书热线：（020）83795240

目 录

序　言

你有过这样的遭遇吗？在某次董事会议上，因为资金缺乏，不得不将激动人心的想法搁置。

你有过这样的遭遇吗？眼睁睁地看着满载CEO创意的航船因财务困难而无法扬帆起航。

你有过这样的遭遇吗？有人邀请你为你所信任的慈善组织筹款，但你却因为害怕向人开口要钱而婉言谢绝。

如果你有过上述某种经历，那么这本书就是为你量身打造的。

一旦你开始读它，开口要钱这桩事就不再让你局促不安。我保证！为什么呢？因为杰瑞·帕纳斯（作者杰罗德·帕纳斯的昵称——译者注）是一位能让募捐化繁为简的高手。他甚至让募捐变得有趣！他会让你发笑，很快你就会相信：我能办到！

事实上，正是他的话激励我发起了妇女领袖募捐运动，迄今已筹得善款逾5亿美元，而这仅仅是个开头。有了杰瑞作为你的导师，你也能做到！

在《教你如何开口要钱》这本书中，杰瑞会一步步教你如何筹得善款。他告诉你在电话里该说什么，如何写信才能得到见面的机会，拜会可能捐款的人时该说些什么。没人能做得比他更好。他还为你准备了既实用又幽默的回答，以应对那些你难免会听到的推诿和拒绝。

作为美国红十字会的董事会主席，我见过杰瑞授课，亲眼目睹了董事会成员们在他的鼓舞之下，如何变得信心满满、跃跃欲试。最重要的是，我还看到杰瑞如何教会他们最为关键的一课：捐赠是一项“特权”。捐赠改变他人生活，拯救他人生命，捐赠使艺术获得资助，使穷人得以温饱，使儿童得以求学，使家庭得以安居。募捐带来的功德难以估量。

最后再打个比方。你曾有过这样的经历吗？你欣赏了一场音乐会，它如此精妙绝伦，让你忍不住逢人便说。这就是我读了这本书的感受。它实在是太棒了。一旦读了它，你也会爱上募捐，爱上杰瑞·帕纳斯。同时，你也将改变他人的生活。

期待这本书改变你的世界，改变我们的世界。

邦尼·麦克尔文－亨特

北卡罗来纳州格林斯博罗市

编者注：邦尼·麦克尔文－亨特是美国前驻芬兰共和国大使、佩斯通讯公司的出资者和首席执行官。佩斯通讯被《职业女性》杂志评选为最优秀的175家女性掌控企业之一。邦尼现任美国红十字会主席，她是该组织100多年历史中的首位女性主席。她曾任“仁人家园”（Habitat for Humanity）的国际董事和“托克维尔协会”（The Alexis de Tocqueville Society）会长，并曾联合发起“联合劝募协会国家妇女领袖十亿美元募捐活动”（United Way Billion Dollar National Women’s Leadership Initiative）。

1. 募捐之福

筹款人伫立天堂门前，
苍老的脸上布满伤疤。
他站在命运裁定者面前，
等待上帝的羊群接纳。

“你做过何事？”圣彼得问，
“能让你被这里接受？”
“先生，我一直是筹款人，”
“做了很多很多年头。”

天堂的大门豁然开启，
圣彼得为他摇响铃铛。
“进来选你的竖琴吧，”他叹息，
“你已在地狱走过一趟！”

2. 谢谢你做我的朋友

祝贺你！

你已成为最伟大、最尊贵的人之一。你将从事的这份事业，正如萧伯纳所说，乃是“服务于世人公认的崇高事业，带给你真正的喜悦”。

你已经表明了意愿，要去号召人们参与一项意义非凡的事业。接下来你会和你的朋友，你的商业伙伴，甚至你不太熟悉的人打交道。

于是，募捐这桩事，以及你做这桩事的过程，就变得至关重要，也极为有趣。

你的工作至关重要。没有你的努力，你的慈善组织将难以为继——它会入不敷出，无力提供服务，无钱建造各种设施。有了你，才有了它的一切善举。

同时，你的工作也充满乐趣。没错，非常有趣。因为你的每一个募捐对象对捐款都会有不同的感受，对你的组织也会有不同的看法。

每个人的经济状况都有别于他人，各自都有不同的压力和限制，其满足感和捐款动机也不尽相同。

每一次项目宣讲都不会完全相同。我可以向你保证，事情的走向几乎总会有别于你的预期。

但是，这些并不重要。多年的募捐经历告诉我，你如何开口并不是最重要的（尽管我会在书中给你提供一些窍门和建议），真正重要的是：你要开口。所以，尽管开口吧。

只要开口就不会错。也许你开口的方式还不够高效，不够巧妙，或是不够老练。但关键是你开口了，这才是最重要的。更何况你是带着热情和使命感去做这件事的。

我还发现，无论你的项目宣讲多么精彩绝妙，结果都是：并非每个人都会慷慨解囊，或是募得的数目没能达到你的预期。

这会令人失望。这种失望感造成的痛苦如此巨大，会使你嗟叹不已。但只要你尽心尽力，就能愈挫愈勇。

做好准备，加入这场伟大的冒险吧。通过你的慈善组织，凭借你和你所筹得的善款，你将改变他人的人生。正是你掌握着这一切，正是你带来这些改变。

词曲作者安德鲁·戈登写过一首歌，名为《谢谢你做我的朋友》。他这首歌本该献给你这样的人。

3. 永不言弃，你就永不失败

对我来说，最大的满足莫过于：邀请人们为动人的事业和无畏的梦想而投资。这种满足你也会有。

我发现，募捐过程中真正困难的不是让人们“掏钱”。那其实很简单。对许多志愿者而言，最难的是“开口要钱”。

但是，读读这本书，你就会发现募捐本不应让人心惊胆战。它不是搞推销，也不是靠忽悠，更不是强人所难，只不过是让人们做正确的事情而已。

记住，没有人会白白给钱。他们希望投资的是伟大的事业，是无畏而动人的梦想。他们希望感受到自己在改变他人的生活，拯救他人的生命。你的工作就是帮助他们了解，他们的钱可以让这一切成真，只要由你来稍加帮助。

别担心技巧不足，方法不灵。比技巧和方法更重要的是准确的直觉。让你的“天线”保持灵敏，全功率开动，好的结果就会随之而来。

别担心自己不是这方面的专家。别忘了，沉没的泰坦尼克号就是专家造的，而拯救生命的诺亚方舟却是十足的门外汉所建。

迈克尔·乔丹曾说，他在整个职业生涯中有近10000次投篮不中，有3000多场比赛失利，并数十次错失本可逆转比赛结果的投篮。他说：“我的生命不断上演着失败……但正是这些失败造就了我的成功。”

当你筹不到钱的时候（这种情况在所难免），未必是由于你表现不佳。你尽力了，你开口了，你为了事业努力了。你没有结结巴巴，没有说错话，也没有忘词。你什么错都没犯。

有些人就是不肯捐钱。这不是你的失败，是他们的失败。

4. 光给奶牛写信，得不到牛奶

我刚刚做完演讲。可以说，这次表现还真不错。听众们非常配合，让每个笑点都得到了发挥。我的结语洪亮有力，就像柴可夫斯基的《1812 序曲》一样激荡人心。

听众们起立鼓掌，掌声雷鸣、经久不息！多么幸福的时刻！正如剧作家田纳西·威廉姆斯所说的：“感觉像是刚刚继承了整个天空。”

出席会议的大约有 500 人，都是基督教复临派的教友、该教派在世界各地各机构的高层以及教会医院和教会学校的负责人。对我而言，他们算得上是自己人。我主持过该教派的许多项目，感觉自己就是该派教友（若不是他们的教规禁饮咖啡，没准我早就加入这个教派了）。

掌声平息下来，大会主持人米尔顿·莫瑞起身向我致谢：

“杰瑞，你为我们教会这么多机构做了那么多事情，所以我们决定也为你做件特别的事。我们将用你的名义来冠名一把椅子。”①

一把椅子?！一个冠名的席位?！以我的名义?！我惊呆了。我知道我必须有所回应，但挪开椅子站起身时，我的大脑一片空白，毫无头绪。我能想到的就只有那句告诫：“别惦记奶酪了，快想想怎么逃出这个陷阱吧。”

---

① 原文 Chair 一词有“椅子”和“专门席位”的双关意义，如“教授席位”。

我走向演讲台，准备接受这项殊荣，米尔顿继续说道："呃，严格来说，它不是'椅子'。"他从桌后变出一张凳子，高高举过头顶。

我看看米尔顿，又看看凳子。（"天哪，搞什么名堂?"）

"杰瑞，你没看花眼，这是张不折不扣的挤奶凳。上面有块黄铜铭牌，是为了表彰你而特地做的。我们把这个凳子送给你，因为你教得实在太好了。"

这时，我已走上了演讲台，米尔顿在一边向我道贺，一边握着我的手狠狠摇了一阵，然后把铭牌上的字读出来。那是我们这一行中的元老西·塞摩尔的一句名言："光靠给奶牛写信或者打电话，是得不到牛奶的。要想从奶牛身上得到牛奶，唯一的办法就是坐到它身旁去挤奶。"

希望你能从塞摩尔的名言中有所收获。要牢牢记住这句话。靠寄信是筹不到钱的，即使筹到了，也是微不足道的；靠打电话也是筹不到钱的，至少筹不到你想要的数目。

要想筹到所需的数目，你必须亲自拜访募捐对象。

坐在奶牛身旁，去挤奶吧！

5. 热情会感染他人，让它蔓延吧

要做一个成功而高效的筹款人，必须具备哪些条件呢？

莫非是靠推销技巧，也就是用雄辩的口才和华美的言辞来说服对方，使之认同项目的价值？或者是靠人情练达，和潜在出资人混得很熟，让他无法对你开口说“不”吗？

我一度需要弄清楚：要成为一个优秀的筹款人需要哪些素质？

于是，我组织了几场小组会议，对一些刚刚捐出了大额款项的人士进行了访谈。我们要弄明白的问题归纳起来就是：

• 关于向你募捐的人，你记得些什么？（不管他/她是你的朋友、同行、泛泛之交，还是完全陌生的人）关于他/她，你脑海中最先想到的是什么？

• 成功的募捐者，要有哪些品质？诚然，这个项目和这个慈善组织想必对你很重要，但对于这个募捐者个人，你最欣赏他/她哪个方面？给你印象最深的是什么？

我把我的发现归纳为英文中 3 个以 E 开头的词：共鸣（Empathy）、活力（Energy）和热情（Enthusiasm）。这 3 个 E 是捐款人都会提及的三种品质。

人人都需要得到倾听，这是人性中最强烈的动力之一。我们访谈过的捐款人都对募捐者的认真倾听大加赞赏。通过倾听，募捐者能够以某种方式进入捐款人的世界，了解他的经历。

不久之前，一件小事又让我意识到倾听和共鸣之间的直接联系。当时，我正在翻阅一个旧文件夹，偶然看见多年前收藏的一张剪报。报纸是1933 年的。

那是富兰克林·罗斯福的一张照片。他拄着手杖，身体大幅前倾。拦在他面前的是两个衣衫褴褛的人，看似无家可归的样子，而罗斯福正专注地倾听他们的诉说。照片下面配的文字是："他懂得如何倾听。"

倾听！作为一名筹款人，最重要的就是"倾听"。这也是参加座谈会的捐款人对"共鸣"给出的定义。他们需要得到倾听！研究结果清楚表明：人们对于能够倾听他们的人更有好感。

3E 中的第二个 E 是活力（Energy）。在座谈会上，捐款人一再谈及见面过程中筹款人身上迸发的活力。他们说，这样的活力仿佛火种。

世上最有力的武器，莫过于被某种火种点燃的人类灵魂，即诗人罗伯特·弗罗斯特所说的"巨大的生命活力，能点燃熊熊火焰"。

我发现，所有筹款成功的人都是如此。他们身上充满了活力。在他们面前，你会感觉自己被这种活力包围，就像身处龙卷风的风眼中。

真正优秀的筹款人，体内就像有一座水库，能够产生发电的洪流，势不可挡，永不停止。

捐款者们说，他们最喜欢的筹款人似乎都是活力四射的演奏大师。他们所说的活力，不是那种躁动不安的力量，而是那种能迸发出热情和欢乐的能量。

3E 中的第三个 E 是热情（Enthusiasm）。在小组会上，人人都提到这一点。或许可以说，"热情"是募捐技能组合中最说明问题、最行之有效的要素。

热情（Enthusiasm）源于两个希腊单词。它的词根"theos"意思是"上帝"，而前缀"en"指"在你心中"。热情（Enthusiasm）的意思就是：上帝在你心中。而这似乎正是所有受访的捐款者从募捐者身上所感受到的。

无羁、无畏、无穷的热情——是它驱动着卓越的筹款人。没有热情，华丽的展示和绚烂的言辞都无足轻重，伟大的事业也无从谈起。拥有热情，才能“贴近事物的核心”。

共鸣、活力、热情。你的任务就是把这些品质带到募捐工作中去。

还有最后一个要素。受访的所有捐款者都提到这一品质，并感觉到它的存在。它会渗透到募捐者言谈举止的每一处。它就是：诚实。你绝对不可以拿真相当儿戏。

在募捐者的军火库中，诚实是最强大的武器。可以说，诚实比宣传材料或任何口述的东西都更加重要，它具有无坚不摧的威力。

仅凭诚实不能保证获得捐款。但如果没有它，你甚至无法迈上征程，你就会像一门大炮，准备开火，却没了弹药。

6. 开明的捐款人能感受生命的欣喜

如果你拜访的人足够多，你一定有机会与若干优秀而慷慨的人见面、交谈。在这些人中，你早晚会结识一类特别的人。我称他们为“开明的捐款人”。

能够见到这些非凡人士，是身为筹款人的乐趣之一。根据我的体验，开明的捐款人都具有以下特点。我向你保证，你遇到的人中，这类人会是最多的。

（1）在开明的捐款人眼中，自己只是钱财的托管者，不管这钱是挣来的还是继承来的。捐款帮助处于困境的人，对他们来说是莫大的快乐。在他们眼中，每一次捐款都是一场愉快的经历。

（2）开明的捐款人乐善好施。他们更愿意说“可以”而非“不行”，即便有时候不得不拒绝某个请求。他们乐于看到自己的钱被用于改变他人的生活。

（3）开明的捐款人知道，并非每一个募捐的请求都必须答应，但他们愿意倾听。这些开明的捐款者从不把募捐者拒之门外，因为他们知道，拒绝与某个募捐者见面，就意味着错过生命中的一大奖赏。

（4）开明的捐款人不会拖延时间。他们会尽快与募捐者见面，因为他们理解募捐者的角色，懂得筹款和捐款同等重要，认为对募捐者理应给予高度的尊重、热情的鼓励、持续的钦佩和深切的感激。在这些方面他们是毫不吝啬的。

（5）开明的捐款人认识到，最重要的是尽早地捐款。他们知道，对与帮助某个机构而言，早承诺比晚承诺要好得多。他们会尽快给出答复，不会拖延做决定的时间，或是迫使募捐者一再打电话来询问结果。

（6）开明的捐款人会仔细考量自己在一项慈善活动中的角色，以及自己的捐款能在多大程度上激励其他人捐出更多。有时候，他们的捐款会比你要求的更多。没错，更多！

有一次，我请一位募捐对象考虑捐赠 10 万美元。她说："不，我要给你 50 万美元。"尽管我没有明显表现出惊讶，但实际上我内心震惊狂喜。

我告诉她：这笔馈赠非常特别，对她来说非比寻常。她答道："很多时候，我会努力让捐出的钱比募捐者要的更多，就是因为这样做让我感到快乐。"

（7）开明的捐款人不仅仅捐赠钱财，还乐于关心这项事业、这个项目，直至亲自参与其中。

正如肯尼斯·代顿①所说："既能捐款行善，又能亲力亲为，实乃人生最大的快乐和满足之一。"而他本人就是一位举世无双的开明捐款者。

---

① 肯尼斯·代顿（Kenneth Dayton，1923—2003），零售集团代顿哈德森（DHC）公司前首席执行官，著名慈善家。

7. 获捐不易，约见更难

现在，你准备开始了。

你会发现，在募捐过程中，最困难的其实并不是面对面的宣讲，也不是你真正开口要钱的那一时刻。

最困难的是约见——获得面谈的机会。

对，这个环节很难。它需要钢铁般坚定的决心、坚持不懈的毅力和不屈不挠的勇气。三者缺一不可。虽然困难，但我发现，一条路如果没有任何阻碍，最后倒很可能走偏了。

不过，好消息是，如果获得了面谈的机会，你就成功了百分之八十五。我们所有的研究都证明了这一点。

注意，我并没有称它为预约。这看上去似乎没什么不同，但众所周知，在募捐的过程中，细节决定成败。预约带有消极的含义：如果要做根管治疗，你会打电话跟牙医预约；如果那个地方有点贵恙，你也会打电话跟肛肠科医生预约！预约常指这些。

但是面谈是相当不同的，它是令人愉悦的。打电话请求面谈，应当是募捐这一愉快旅程中的第一步。你在给募捐对象一次拯救他人生命、改变他人生活的投资机会。还有什么事比这更高尚、更有价值呢？

打电话请求面谈之前，一定要寄信告知对方。我曾经担心，提前寄信会不会导致拒绝，或者使得对方不接电话？会不会让对方有更多的时间找借口拒绝面谈？

我可以向你保证：提前寄信是确保获得面谈机会最有效的方法。而且还可以为你在打电话时节省 5 到 10 分钟的时间，免得你在电话里向对方解释缘由。

我要给你三封样板信作为指导。如果你再把它们稍加润色，读起来像是你自己的文风，那么效果会更好。

第一封信（见附录：书信范例 1）应当用你（作为募捐志愿者）的专用信封和信纸。这种方式效果更为显著，能大大提高对方看信的可能。

如果你是让慈善组织员工为你安排同募捐对象的面谈，那么可以参考这封信。

第二封信（见附录：书信范例 2）同样要用你的专用信封和信纸。如果你要引荐慈善组织的员工，让他打电话给对方，那么这封信是适用的。这封信非常好，也很有效，特别是在缺少像你这样的志愿者来逐一拜访募捐对象的情况下。

但是让员工去拜访，只是不得已而为之。最为有效的还是志愿者亲自拜访，或者员工和志愿者结成小组去拜访。我把后者称之为“神奇组合”。

第三封信（见附录：书信范例 3）是三封信中最好、最有效的，供你自己打电话寻求面谈时使用。

注意，你要弄清楚：在所有的信里，你都不要提起将向对方募捐的事。切记，千万不能第一次面谈就开口募捐。

原因有两点。首先，我发现，如果使对方放心，觉得面谈只是探讨性的，解释性的，那么你见到对方的机会要大得多。

其次，通常你至少要跟对方见两次面，才能得到你所期待的捐款金额。既然如此，第一次不提捐款也不失为一条好计策。

8. 成功者“能人所不能”

赢得面谈机会有时会很难。我深知这一点。

虽然从事募捐已经很久了，但比起面对面地向募捐对象介绍项目，打电话请求面谈更让我备感煎熬。

因此，如果你觉得焦虑不安，不要担心。我发现，没有挑战，就没有成就。记住，如果你得到了面谈的机会，你的募捐就成功了百分之八十五。

以下这些步骤是必要的，能够有效缓解你的紧张情绪，确保你顺利见到募捐对象。

（1）寄出我推荐的那种书信。一定要加以修改，让它成为你自己写的信。

（2）反复练习开场白。练习！练习！再练习！即使拥有这么多年的经验，我仍然要把在电话里说的话提前写下来。

（3）虽然我也用所谓的底稿，但我当然不照着稿子念，因为话要说得自然。之所以写下来，是为了确保在说的时候不会漏掉什么。而且，事实证明，有了底稿，我就有了信心。记住丘吉尔的告诫：“为了让演讲听起来足够自然，我得反复大量练习。”

（4）随身带着一份日程表。记住，打电话的目的就是定下面谈的时间。要做好准备。

（5）接下来也许是最难熬的时候了。你曾经有过这样的经历吗？呆呆地盯着电话，时间已过去好几分钟了。虽然你知道终归还是得戳几下数字，但你依然希望有电话打进来，这样你就可以躲过一劫，不用打那个该死的电话了。然而，电话铃却迟迟不响。最终，你决定全力以赴，放手一搏。嗯，准备动手了。先别慌！我还有个建议给你，对你一定很有用。

（6）我的建议就是：站起来。如果你不相信这样有用，那就试试吧。站立时能释放出一股能量，在你坐着的时候是感受不到它的。最好有一部无绳电话，这样打电话的时候你还能踱踱步。你知道吗？站着的时候，我感觉自己能够征服全世界。我能拨出那通电话。我能得到面谈的机会。只要站起来，我就充满了决心。你也会有同感。

（7）打电话时，要保持微笑。对方会从声音中“听出”你在微笑。你要向他说明，你正在跟进书信中提到的事情，想知道什么时候方便见面。

（8）寒暄要简短。当然，寒暄时要诚恳亲切，但你的重点必须放在安排会面上。

“你好，玛丽。我是杰瑞·帕纳斯。前几天我给你寄过一封信，是关于米德尔顿学校修建新图书馆的事。什么时间方便跟你和约翰见一面呢，下周二还是下周四？”

你可能觉得这太简短了。好吧，那你感觉怎么舒服就怎么说。但是，你的任务不是侃侃而谈，而是得到面谈的机会。

（9）直接说出你要多少时间：“我希望跟你见面谈一个小时，可以吗？”

如果对方说只能给你 20 分钟，怎么办？“哦，我原来希望能有多一点时间的，但如果您时间紧，那我们就在 20 分钟内谈完。这个项目非常重要，不管您有多少时间，我都愿意跟您谈谈。”（你可能已经发现，大多数情况下，虽然对方说他只能给你 15 或 20 分钟的时间，但最终却给了你所需的全部时间。我遇到的情况就是这样的。）

（10）抓住重点。你的任务是确定面谈的时间，而不是搞推销，也不是谈项目。不要掉进电话推销的陷阱里。这不管用。

（11）推动谈话，确定日期。我喜欢提供不同日期让对方选：“约翰，下周二或周四，哪天对您最方便？”社会心理学家告诉我们，人在有选择的情况下更容易做出积极的决定。

……

太棒了！你确定了面谈日期，稳步踏上了获得捐款的道路。马上写封信确认并表达感谢吧。要简洁一点（见附录：书信范例4）。

面谈之前，我从不打电话确认。事实上，我努力让对方联系不上我！我可不想有人在最后一刻轻易取消面谈。我通过确认信将所有事宜安排妥当。

最后一个建议。首先打电话给那些把握最大的募捐对象，也就是那些你认为最好说话的人。几个电话下来，你就熟悉这些套路了。

9. 行动起来，秘诀才能奏效

让我们进入这样的场景。你已经拨出电话，募捐对象接了电话，轻快的寒暄也已经说完，你手边放着日程表。

时机到了，你需要确定面谈时间。

“约翰，你知道我对救世军的事情多上心。我想向你介绍我们最近在做的一些事情，我相信你一定会很感兴趣。哪天方便我们一起聊聊吧，下周二还是周三？”

我希望事情会很简单，对方会爽快答应，但实际情况往往并非如此。要做好准备，你唯一能预料的就是：事情总会出乎预料。有时候你会遇到麻烦。实际上，每个赢家都曾碰过钉子。

“杰瑞，我想面谈就不用了吧，我并不想参加这个筹款活动，我每年都有固定捐款，我对其他的事不感兴趣。”

你希望对方答应见面，然而事与愿违。你可以就此作罢，感谢对方的体谅，转向下一个捐款者。但你明白，你必须更进一步；你知道你必须亲自造访，才能拿到想要的捐款。而且你清楚，这项事业是多么重要，它关系到许许多多的人，所以你必须使出浑身解数。这并不容易。这种尴尬真让你无法忍受，但你还是得接着说下去。

“约翰，关键是我得见见你，至于做什么样的决定，完全是你自己的选择。我还没那个能耐说服你去做不想做的事情。但是，这个项目是我们能为社区做的最重要的事。我需要的只是一个机会，来邀请你加入我们。我知道你也许有不便之处。但你了解我的为人，你完全可以跟我直说，我尊重你的任何决定。下周什么时候对你更合适？周二还是周三？”

瞧，你做到了。这并不容易，但是你做到了。

“杰瑞，要多少钱你就直说吧，也许我们可以在电话里把这件事解决了，我真的没那么多时间，而且我对筹款和捐款都不感兴趣。”

事情并没有变简单。中国古代的那种酷刑叫什么来着？就是那种拔掉人脚趾甲的刑罚。我宁愿受刑，也不想继续下去。但是，我不能放弃，还不到放弃的时候。

“要在电话里处理这种事情，我感觉不太好。这件事太重要了。你看，如果你肯给我些时间，我想花个 30 分钟和你谈谈。你能空出 30 分钟吗？哪天对你更合适？下周二或周三？我们可以快点把事谈完，然后一起吃午餐。”

如果你还在河里游着泳，要溯游而上，而水流却把你向反方向推，这时该怎么办呢？你的潜在出资人说：

“这样吧，不如你干脆把所有的资料都寄给我，我保证认真看完，然后寄张支票给你。”

你知道这样做是最糟糕的选择。所以，再试一次。

“我很了解你，相信你一定会好好看资料，然后寄张支票过来。不管对我们组织还是对我个人，你这样做都很重要。但是，这个项目很关键，也很有意思，资料里头很难说得到位。我真的相信你会对它感兴趣。我知道你很忙，但我可以配合你的时间。什么时候能去见你？下周二还是周三？”

每次我打电话约访的时候，都会想起《等待戈多》里的两个人，他们在我的脑海中不断浮现。埃斯特拉冈说：“我不能再继续下去了。”弗拉迪米尔回答道：“你只是想想而已。”

将你拒之门外的托词很多，这些仅仅是其中几种。这些话合情合理。

我甚至都不把它们称作拒绝，对方这些反应你应该预料得到。

我还可以再举些例子：

“杰瑞，我已经捐得够多了。你知道，这么多年来我一直都在给他们捐款。”

“我明白，约翰。事实上，这也是我找你的原因之一。这些年来，你一直都是我们忠实慷慨的朋友。正因为你是我们的好朋友，我们现在才邀请你参加这个项目。”

记住，你的任务是得到面谈的机会。不要被潜在的出资人牵着鼻子走，在电话里就开始募捐。

“听我说，杰瑞，不如你直接告诉我这个项目是关于什么的吧。也许我们可以在电话里谈妥，给我谈谈这个活动吧。”

“约翰，这真的是一个很棒的项目，我怕在电话里讲得不到位。我觉得你一定会对它感兴趣，而且我还有些照片和资料想拿给你看看。你会发现这个项目很重要。什么时候方便和我见一面呢，下周二还是周三？”

不要忘了，千万不能在电话里募捐，尽管对方可能想要把你朝这个方向引。

“杰瑞，我俩都很忙。我知道你要来和我谈捐款的事情，但我想这个问题可以在电话里解决，这样还能省点时间。现在就跟我讲讲吧。”

“约翰，我知道你一定会感兴趣，这也是为什么我很想见你。我怕在电话里讲得不到位。如果硬要讲，恐怕我越讲越乱，你越听越糊涂。我知道你很忙。接到我电话的人没有一个不是忙得焦头烂额的，所以我才特别注意协调面谈时间。我相信我们可以在30分钟内搞定，也希望你能给我这点时间。我真的想见你。你下周什么时候方便见一面呢，周二还是周三？”

如果所有方法都不管用，我还有最后一招教给志愿者们。这招很灵，效果显著。用过的人告诉我，这招几乎总能让对方回心转意。但是只有在你无计可施的情况下，才能使用。

“约翰，我知道你很忙。正是知道你忙，我才急着要见你。你是那种总能办成事的人。其实，我真不想接受这个任务。我不喜欢募捐，这不是我想做的事情。之所以答应下来，是因为这个项目真的特别重要。项目筹款主任斯坦利最终把我拉了进来。我向他保证，会和每个分配给我的人面谈。我已作出了这个承诺。有些人很重要，我真的必须见上一面，你就是其中之一。”

试试看。你就会发现这招很管用。

10. 只说不听，募捐不灵

可能很少有人喜欢逛车店买车，但我就是其中之一。我很喜欢听销售人员介绍化油器、压缩比、歧管这些玩意，甚至会询问车轴的长度，尽管我也不知道这些部件和参数到底什么意思。我只是喜欢观察不同展厅的销售人员是如何讲解的。

对了，最近，我和费莉希蒂想要入手一辆新车。那天我们走进一个展厅，从停得最近的一辆车开始看起。

很快，一个销售员走上前自我介绍，然后开始对我们正在打量的这辆车大夸特夸。我们听了20分钟的长篇大论，包括油耗、安全装置和发动机效率等一大堆东西。

有趣的是，我发现他从没停下来问过我们任何问题，一个问题都没问。他完全不知道我们的兴趣点在哪里。

不一会儿，我们逛到附近的另一个展厅。

刚一进门，一个销售员就向我们打招呼。最初的15到20分钟，她都在问我们各种问题。她想要了解我们的需求，例如家里有几口人、我们的预算、出游的次数和类型，以及要买的是第一辆车还是第二辆。

等问完这些问题，她似乎已经清楚我们需要什么样的车了。毫无意外，我们买下了那辆车。

大多数募捐对象只有先深信你已倾听并领会了他们的观点，才会认真倾听你所力推的主张。正如法国作家蒙田所说，被人倾听，是人生最大的渴望。

在募捐过程中，如果你光说不听，会出现以下麻烦：

- 你不了解对方，不了解他的需求和愿望。
- 你听不出对方的关注点，因为你根本没有用心揣摩。
- 你捕捉不到任何可促成捐款的线索。
- 你无法明白对方愿意为哪些事情而投资。
- 你一不小心就会带出一些对方本没想到的负面因素。
- 你没让对方成为主人翁，缺少一个将决定权赋予对方的过程。
- 没说出来的话，不会造成麻烦，以至让你后悔。
- 你说得越多，越容易涉及对方不认可的因素。
- 整个过程你是在主宰对话，而不是起引导对话。
- 你没有把聚光灯打在对方身上，让他站在舞台中心。
- 你没有给自己喘口气的时间，来考虑接下该说什么。

一定要记住：为了"听得"捐款，在谈话过程中你说话的时间只能占 25%，其余的时间应当让募捐对象来谈。这样分配时间，才能最有效地让对方与你达成共识，并让他觉得你是真的在倾听。

这是一个给予与接受的双向过程。但是，从你的角度来看，你主要是接受方。我深信，成功的募捐者不是靠推销之术，而是靠"倾听"之道。

如果你带着足够的细心和充分的共鸣去倾听，你就会准确地知道捐款者的需求和他最强烈的兴趣，你就会清楚募捐多大数额最为恰当，以及促使对方捐这笔钱的动力是什么。

11. 理念的魔力，使人慷慨解囊

人们捐钱给你，不是因为你的组织缺钱。成千上万的组织都存在巨大的资金问题（换言之，是募捐的机会），如设施需要更新，设备需要购买，屋顶需要修缮，项目需要新增人手，等等。

然而，捐款人却回避这些“需要”，他们对那些经济状况不稳定的组织敬而远之。大额捐款人是把钱捐给大胆无畏、具有冒险精神的项目，而不是捐给缺钱的组织。

你还要记住，有“需要”的不是你的组织，而是“人”。你的组织有应对各种问题的答案，解决各种困难的方法，对付各种挑战的手段。不要兜售你的“需要”，而要谈你的答案、你的方法、你成功的解决手段。

那么，促使一个人捐出一大笔钱，最重要的因素有哪些？

首先，他深信该组织肩负的使命。他必须非常认同该组织的愿景、项目和宗旨。

我的研究显示，就促使一个人捐款而言，有两个因素的重要性并列第二。不过，尽管两个都很重要，但其重要性远不如“深信该组织的使命”这一点。

第一个因素：组织的财务状况稳定。没人想要挽救正在沉没的泰坦尼克号！这也是为什么让你不要谈组织本身“需要”。

与“财务稳定”并列第二的因素是：（捐款者）对该组织员工的信任

和尊重。这里的“员工”通常指首席执行官。这就是为什么我让你拜访募捐对象的时候，最好带上一名该组织的员工。

我们了解到，宣传材料其实并不重要。这使我想起，普通的四色凸印宣传册的“保质期”大概介于鲜奶和酸奶之间。当然了，你也需要宣传材料，但是不要拿着它们四处乱发，或是一见面就把宣传材料抽出来。这会破坏让募捐成功的“魔咒”。

相比于宣传册，募捐对象更留意你的口头讲解。要用语言去施展“魔法”，去展示美好的前景。然后，在合适的时机才拿出新建筑的效果图，或者一群小孩子在游泳池的照片。

我们做过的调查显示，促成捐款总是靠口头讲解。事实上，大部分募捐对象根本记不住印刷材料里面的内容。你也不要依赖花哨的音响视频和PPT幻灯片来获得捐款。通常只有到募捐结束时，我才拿出宣传材料，有时甚至不拿出来。

12. 射箭中靶，全赖张弛有度

你寄了信，打了电话，约定了面谈时间。某种程度上，这些事并不像你想象的那么困难，虽然通话内容不完全和你的底稿合拍。

现在，你已经成功了 85% 。

接下来，面谈的日子到了，你都没想到会这么快。现在，你已经来到募捐对象的家中或办公室里。

议程第一项当然是建立亲密关系，寻找共同点。这一项应该花多长时间，我也没有秘诀。时间长短不是关键，重要的是别让寒暄成为重头，从而使你偏离了明确的目标——获得捐款。

无论你多么有亲和力，对方都明白你此番到访的目的不是寒暄，也不是关心他的健康。他心里想的是："这个人要从我这儿得到什么?""他想要我做什么?""他到底从哪儿弄到我的名字?""见鬼，我怎么会答应和他见面?"

他脑子里想的都是这些。你说的话他一个字都没听进去。

这就是真实的情况。我们的反复研究已经充分说明了这一点。

我的建议是：你不必照搬我的原话，要找到最适合自己的节奏，把你的语言变成音乐。

最近我拜访了吉姆。他对自己的母校有着深厚的感情，当年也是拿了奖学金入学的。我的开场白是这样的：

“我今天来找你，是想谈谈你的母校和它的发展前景。另外，我还想跟你着重谈谈一个项目。我想你会很感兴趣的。（停顿）今天我不会向你募捐。这一点先说清楚。我们甚至都不会谈钱的事。我只是想跟你聊聊这个项目。但我还会再来，到时候我就会向你募捐一大笔钱了。不过今天不会的。”

一开始就说清楚，这次面谈你不要钱，这样可以突破对方的心理防线，让对方安下心来。

于是，吉姆开始认真听我说话。他把手从口袋里拿出来，不再紧紧捂住钱包了。

我开始介绍这个项目，发现项目中有些内容很吸引他。

我先问了几个开放性的问题。比如，“吉姆，你觉得这个项目怎么样?”他回答时，我注意揣摩、认真倾听，努力发掘他的关注点。

我们的探讨非常深入。吉姆有大量的机会去提出他所关心的问题。到了最后，通常该开口要钱了，但我没有要。我只是说：

“很高兴能和你聊这么久。我看得出来，你对这个项目很感兴趣。一开始我就知道你会感兴趣的。不如你看看什么时候有空，我们再谈一次?”

几乎无一例外，对方都会说：“喔，算了吧，没必要再安排一次了，我们今天就可以谈谈捐款的事。没关系的。我知道你心里肯定有个数目了。”这几乎就是吉姆的原话。

我答道：

“说实话，吉姆，我还没那个能耐知道你应该捐多少钱。捐多少完全由你自己决定。但对于这样一个活动，我想你可能会愿意捐上 100 万美元。”

注意，我并没有说他“应当”捐 100 万美元。我说的是，我想他可能“愿意”捐这么多。注意我的用词。它们可都是我精挑细选的。

“我想你可能愿意……”

我甚至都没有开口要钱。我只不过说，我觉得对于这样一个重要又有意思的慈善项目，吉姆可能愿意做些什么。

后来我们又协商、探讨了一番，吉姆也提出了一些合情合理的顾虑。我们最终还是又安排了一次见面，但是我知道，我离获得捐款的日子不远了。而且，我确实也得到了！

13. 不问不知道

我发现，和募捐对象谈话时，通常最初的几分钟是最宝贵的。这段时间的谈话不是随意的闲谈，而是要套出有用的信息。

他们是怎样进入大学的？大学生活如何？

他们的孩子在学校的表现如何？他们觉得这所学校怎么样？

在他们这个社区，像基督教青年会这种组织有多重要？

他认为这个组织的工作和服务好不好？

注意，这些全部都是开放性问题。在发现宝贵信息的过程中，你也在与对方建立融洽的关系。你会发现，你在建立这种关系方面所用的时间越长，在后继的谈话中你就越少需要向对方施压。

如果你正和一位募捐对象聊天，但是你并不十分确定他有多大兴趣（这种情形很常见），就需要你充分挖掘情况。

“我们已经聊过基督教青年会的一些情况，还有它对我们社区的作用。我跟你说过，他们搞的一些活动对年轻人的生活影响很大，方式也很特别，跟其他组织很不一样。在我看来，对于市中心平民区的就业问题，你似乎很关心。你觉得它的重要性有多大？你怎么看待基督教青年会的作用，还有他们眼下做的事情？”

弄清对方的关注点是十分必要的。你不想听到的话往往正是你最应该去听的。

提出开放式问题，然后倾听。如果你把全部的时间都花在说话上，你将无法发现新的信息；如果你只走别人走过的道路，你将永远不会有新的发现。

记得几年前，我和另一名志愿者参加了一次大型募捐活动，是位马里兰州索乐兹伯里市的一家医院而做的。这位志愿者叫富尔顿·杰里夫，他清楚要先询问，再开口要钱。

面谈一开始，富尔顿首先询问对方对那家医院的看法。对方的回答令人吃惊："这家医院糟透了。我觉得医生也很差劲，护理更是糟糕。我在那儿住院的时候，连个会说英语的人都没有。到处都脏兮兮的。"

当时我脑子里就浮现了薛安勇士的呐喊：光荣战死，只在今日![1]

富尔顿脑子转得很快。他说："本，不好意思。我原以为自己很了解你。我以为你喜欢这家医院，会对这个项目感兴趣。看来我想错了。再跟我说说你那次住院的情况吧，到底怎么回事？"

本一口气说了有 15 至 20 分钟。最后，他平静下来。接下来发生的事情很出乎意料。当他一股脑儿全部抱怨完，他似乎感觉好多了。

他说道："嗯，也许医院的情况没我说的那么糟。而且索乐兹伯里市的确需要一家好医院。你之前想要和我谈什么？"

于是我们继续谈下去，最后拿到了捐款。

这使我想起那句励志格言：上帝在关闭一扇门的同时，一定会打开另一扇门。但有时候，门和门之间的走廊却很难穿过。

而富尔顿的诀窍就是：他以周到的方式应对抱怨，带着兴趣和关切去倾听对方。他屏蔽了其他一切声音，只专注地接收本的声音。

努力让对方完全放松，让他们觉得自己很重要，让他们聊聊自己的情况和关心的事情。多多询问，保持目光交流，倾听他们的感受。要明白，要想别人听你说话，先要学会听别人说话。

---

① 薛安是北美大平原上的印第安部落。《薛安勇士》（*Cheyenne Warrior*）是出品于1994 年的西部片。

14. 坚持不懈是成功的酵母

我知道那是什么滋味。我的个人经历可以作证。

最初向人们募捐的时候，我胆战心惊。真的是这样。我可以轻轻松松地完成前期的展示，从容地谈论慈善活动的内容和慈善对象的需求。

但是，需要开口要钱时，我就会畏缩不前，就像有根骨头卡在喉咙里。突然之间，我理解了那首歌，歌里唱到“心绪不宁、心烦气躁、心乱如麻”。这正是我当时的写照。

那些财富榜500强企业的高管们告诉我，他们也曾有过同样的感受。他们也曾如古罗马角斗士一样，紧张得恶心反胃，猜测看台上的皇帝的手势，是拇指朝上以示赦免，还是拇指向下下令处死。

我和很多成功的商界精英、大学校长和千万富翁交谈过。他们几乎无所不能，不过募捐除外。即便是业绩非凡的保险销售员，遇上募捐也觉得苦恼不堪。募捐这桩事，用约翰·斯坦贝克①的话来说，总会让人产生“想逃往别处的冲动”。

下面这些感受我全部听说过，也部分地经历过。

“我害怕被募捐对象拒绝。”

“当我准备开口要钱时，感觉嗓子堵住了，说不出话来。”

---

① 美国作家，诺贝尔文学奖获得者。

“我讨厌乞求别人给钱。”（我要插一句：你并不是在乞求。你是在邀请对方加入一项崇高的事业，一个能够改变他人生活、拯救他人生命的慈善项目。如果你只是在乞求，那你不可能得到捐款。）

尽管如此，还是不断有人告诉我，他受不了被人拒绝的滋味。

可是，如果你不开口，你永远不知道结果会怎样。那些没有捐过款的人表示，他们没有捐款的最重要原因，（你已经猜到了）是从没有人开口向他们要过钱。

有个修道士问修道院院长能不能在祈祷的时候抽烟。院长立马叱责道：“绝对不行。”

第二天，他又问能不能在抽烟的时候祈祷。院长说：“不但允许，而且值得赞赏。”

瞧，你不问就不会知道结果怎样。

回过头来想想，如果你得到的答案的确是“不行”，那又怎样？那并不是说募捐对象想拒绝你。大多数情况是因为对方的热情与兴趣与这个组织的使命并不吻合。

对此，你也无能为力。人们捐不捐款，总是取决于自己的理由，而不是你的理由。如果他们拒绝捐款，这是他们自己的损失。你可以继续寻找下一个目标。

我告诉募捐者们，对于没拿定主意的捐款者，没人有能耐说服他掏腰包。你甚至连试都不用试。继续寻找下一个目标吧，还有很多人等着捐款给你。

就算被拒绝，对募捐者也不是什么永久性伤害，这一点我非常清楚。你又死不了。重要的是，你要开口去要。

即使最终你没有获得捐款，你的伴侣和朋友依然爱你如初；你的爱犬也和平常一样摇着尾巴在门口迎接你，欢快地舔你的鞋；生活也依然美好。

还有一点很重要。如果你没被拒绝过，这可能也意味着你没怎么被接受过。在募捐这个美妙的游戏中，一点点失望是必需的。

有史以来最伟大的曲棍球手韦恩·格雷茨基曾说过：没有打出去的球，百分之百不会得分。

15. 成功者能瞄准 别人看不到的目标，并一发即中

你已经走到这一步了，现在该向人们展示这项事业的魅力了。魅力包括它的困难和曲折、必要与急迫。你最多可以用 11 分钟，甚至要尽可能再少。

我来解释一下为什么是 11 分钟。

当然，如果必要的话，你也可以再多花些时间，但不要太多。而且越多越有风险！所有研究都表明，一个人最多听你说 11 分钟，再多就听不进去了。

有个类似的例子可以验证我的说法。录制视频的时候，制片人会告诉你视频时长必须控制在 8 到 12 分钟，还有人说最多 5 分钟。理由很充分：观众对于这种视频最多只能维持 8 到 12 分钟的注意力。

这太不可思议了，明明视频里包含了那么多内容！有背景音乐，有专业旁白，甚至还有特殊音效。好家伙，就像背后上演着一场热闹非凡的吉卜赛婚礼。

即便如此，这样的视频也应该控制在 8 到 12 分钟。因此，如果你花哨的宣讲极具鼓动性，你也可以多花一点时间，但我提醒你最好别这样。

好啦，你已经准备好，要开始宣讲了。我还有些很有用的小提示给你。

（1）当你向对方募捐的时候，绝不能只谈捐款会给慈善组织和慈善对象带来什么好处，一定要谈捐出去的钱会给捐款者本人带来什么好处。

谈谈有多少人的生活会因此而改变；谈谈募捐会给捐款者带来怎样的幸福感、荣誉感以及直接拯救他人生命的成就感。

要想得到最大数额的捐款，一定要让慈善组织和捐款者实现双赢。

（2）注意，不要将捐款数额作为宣讲的主题。把它放在次要位置，最主要的是弄清那些最能满足对方自身需求的因素是什么。

你不能试图操控募捐对象。设置圈套、夸夸其谈、要弄伎俩都是令人不齿的。

相反，要明白你是在帮助对方做一项投资，这项投资会给他带来快乐和满足。捐款的目的是要解他人燃眉之急。

不要鼓吹你的慈善组织，谈谈这项投资本身的回报吧。

（3）你的项目所针对的事必须高度相关、极富张力、充满感召力，但最重要的是必须体现出一种迫切感。

你要表明的是：风险是如此之高、时间是如此之紧，有人在饱受煎熬，甚至危在旦夕；需求是如此迫切，而你提议的方案能够有效地解决问题。现在该动手解决了。

（4）避免讨论大而抽象的数字。譬如，你们的学生数量达到 11000 人，创下历史新高，或者你们急诊室里救治过的人数高达 50000 人，这些都不能打动对方。同理，如果你说本市有 3000 多人露宿街头，也不能引起对方的重视。

这使我想到一个概念，我称之为“安妮·弗兰克效应”。想要理解有 300 万儿童死于纳粹大屠杀，并对他们的遭遇感同身受，是很困难的。但是翻一翻《安妮日记》，我们却很容易被个人的具体经历打动。做宣讲的时候，想想安妮吧。

（5）记住募捐过程要开心。无论发生什么，都别忘了玛雅·安杰洛[①]的话："你做的事无非是自己了解的事。了解得越清楚，做得就越好。"

人们只有先了解你对事情有多关心，才会关心你了解什么。所以，带上你的激情、使命感和快乐去拜访他们吧。把心给别人，你才会打动别人的心。

① 美国著名黑人作家。

16. 有的人不需刻意瞄准，却能正中靶心

有件事多年来我一直做错，却总是奇怪为什么没有得到更好的结果。（人们常说，愚蠢就是用同样的方式做同样的事情，却期待结果有所不同。）

终于到了要请求捐款的时刻了，你需要说出一个具体的数字。

这么说吧，谈话已经进行到关键时刻，你准备开口要钱了。你说：“我希望你能考虑捐款 10000 到 25000 美元。”多年来我一直是这么说的。事实上，能从嘴里挤出这个数字，已让我高兴不已了。

但是，一旦你划出了一个范围，就会发生什么情况呢？

你划出的下限就会变成对方捐款的上限。如果你要对方捐 10000 至 25000 美元，你要么会得到 10000 美元的捐款，要么就什么都得不到。原因如下：

第一，给 10000 美元比给 25000 美元容易得多。既然前者似乎已能满足筹款人的期待，捐款者就会说“好吧，那就捐 10000 吧”。

第二，如果你划出一个范围，就意味着你对于捐款者了解甚少。对方会认为，“她根本不了解我，我的愿望和个人需求她统统不清楚。她恐怕根本不知道我给其他慈善组织捐多少钱，也不了解我对这个项目看法如何。她只是随便丢出几个数字，希望有一个能碰巧砸中”。

那究竟应该要多少钱呢？这个问题很难回答，但却是你要面对的最重要的问题之一。

你的组织很可能已经告诉你要跟对方提出什么数字。我也会为你提供一些宽泛的原则。这些原则就像码尺，只能帮你粗略地量出大概多少码，但不是精确到多少吋。要知道具体多少吋，既要靠你敏锐的直觉，也要靠你在募捐的过程中的揣测和询问。

以下是一些常用原则：

（1）流动资金是关键。捐款者必须有足够的流动资金用于你的项目。

（2）如果对方资产多是房地产和农场，则一般意味着：资产富足，现金缺乏。如果对方的所有资金都绑定在不动产上，你很可能拿不到捐款，除非他打算捐赠不动产。

（3）维护贵重资产的开销很大。我已经不再根据对方住所和第二房产的价值来决定募捐数额了。有些人连买把卡祖笛都需要分期付款，因为他们花在维护贵重物品上的钱太多了。

（4）年度的固定捐款多来自年度收入，大额和重要捐款多来自总资产。如果你在为一个重要项目寻找一笔高额捐款，这笔捐款通常不会来自对方的年度收入。（详情见附录 D）

（5）要考虑对方的年龄、子女数量、家庭责任（是否为二婚?）、医疗负担等诸如此类的变量。

（6）一份高额捐款通常相当于对方年度固定捐款的 10 至 25 倍。如果他的年度固定捐款是 10000 美元，那么你应索要的大额捐款应该在 100000 至 250000 美元之间。

（7）尽管我们对捐款数额做了各种推测，但募捐对象是否捐款以及捐款多少，归根到底取决于他们对慈善事业的态度，对你的慈善组织之使命的兴趣，以及他们和你的组织的亲密程度。

只有捐款人有需求要满足，才会给出捐款。这一点至关重要，它能够在很大程度上促成捐款。

17. 自己有没有先捐，是募捐成败的分界线

你已做好了一切准备，做得棒极了！任何程序都很到位。你一开始就抱着积极的态度，用心揣摩并提出开放性的问题，而且你还耐心倾听。

现在到了宣讲全程中最有力也最有效的环节了。我要求你们——募捐志愿者本人——表明自己已经捐了款。

强调这一点，也是要提醒你一条铁律：永远不要在你自己未曾捐款的情况下向别人开口。

这个道理再明白不过了，但值得一再强调，因为它真的太重要了。如果这个项目连你自己都不够动心，未能捐款，别人为什么要捐呢?

与志愿者们讨论募捐的时候，我都会请他们考虑一下，做点牺牲，自己也捐一些钱。但对有些人来说，这似乎太令人为难。我的意思是希望志愿者本人尽己所能捐出一些。

这就是佛陀所说的“法”的真谛：只有当你发自内心给予的时候，你才能敞开心扉去接受。

我还记得从事募捐初期的一次经历。当时我和另外一位志愿者搭档，她做了非常精彩的宣讲。做完后开口要钱时，对方说道：“我对这个项目很有兴趣。我想问问，你自己捐了多少钱呢?”

这个问题很合理。我敢保证，即使对方没有问出来，他也想知道答

案。这是衡量募捐合理性的一种方式。

那位筹款人答道："额……我们夫妻俩还没决定。我们还在考虑。"

那位募捐对象非常失望。他断然结束了这次面谈，说道："那今天就到此为止吧。等你想清楚，决定了自己捐多少之后再回来见我。"

我永远不会再犯这样的错误了。

以下这个范例可以告诉你如何表明自己也捐了款：

"约翰，我想请你和我一起加入这个项目。但在这之前，我要告诉你我和费莉希决定捐多少。我们要捐5万美元。你很了解我们的情况，也明白这笔钱对我们来说真不算少。我们从来没有为任何事情捐过这么多钱。我们考虑了很久，反复商量，甚至做祷告询问过上帝，最终决定下来，因为这个项目真的很有意义……"

为自己捐款的事提供"证词"，是很重要的，因为它证明了你自己的使命感和对这个项目的信心。

不光如此，你对这个慈善组织及其愿景的一切说辞，都通过它来体现，并通过你自身所受的影响得到证明。这就是西奥多·罗斯福所说的"要清晰无误地表明自身的坚定立场"。

18. 成功就是不断尝试加上不懈坚持

现在到了关键时刻，你必须开口要钱了。到目前为止，你做得都很好。你用心揣摩，主动提问，也认真倾听了。你展现了一个激动人心又刻不容缓的机遇，而且你也证实了自己的捐款情况。

你之前的所有努力都是为了这一刻。尽管仍有悬念，而且还不少，但没关系，每个募捐者在这一刻都会有这种惴惴不安的感觉。即使是现在，当我准备开口要钱时，我也依然有这种感觉。

房间里的气氛凝固，弥漫着压力和张力。你的心跳越来越快。

你的募捐对象也同样承受着阵阵焦虑。你们之间的弦已绷紧，一触即发。就像经典电影《万世流芳》中的场景，法国外籍军团的军人们相互试探，想知道对方是否“还活着”。

最后，你终于准备好了，要将面谈过程中所有的铺垫转化为一个直白的邀请。对此，我惯用的表达非常简单：

“我希望你能考虑捐一笔钱……”

就是这么简单。没有太多花哨的语言，只有几个简单的字：“我希望你能考虑捐一笔钱……”

对我而言，这句话是最有效的。不过你也可以换个说法，只要它让你感觉最好，也最为舒适，就像为你自己的歌填上最合适的歌词。比如，

“我想要邀请你加入我们……”

……

你已经开口要钱了，在等着对方回答。这一刻，周围一片沉默，沉默中掩藏的却是滚滚惊雷。

接下来的一点非常重要：不要打破沉默。

要等对方先说话。此时的沉默非常难熬，短短一刻仿佛好几个小时。很多时候，我觉得这焦灼的沉默如此漫长，甚至想找借口溜出去散散步，哪怕演点手偶戏也好！

于是，你想随便说些什么来打破这种沉默。比如：“你知道吗，明天是满月哎！”

但你要忍住，千万不要说话。如果你说了，你将永远不知道对方对这个项目和这笔捐款的真实想法。我学到的秘诀就是：再坚持一分钟。

19. 眼睛偏离目标，就会看到阻碍

你已经做完了宣讲。你的揣摩和提问都为募捐打下了坚实的基础。你也成功地引导了你的募捐对象，绝大多数时间是让他说话。

整个募捐过程中，你都感受到对方对你的组织的高度认可，他似乎也流露出捐款的意向，提出恰当的问题，并不时点头赞许。于是你备感鼓舞。

一切都进行得很顺利。

你用简单的话把面谈过程中所有的铺垫转化为一个邀请："我希望你能考虑捐一笔款……"你提出了一个具体的数字，然后停下来。

对方的回答并非完全出乎意料。

"杰瑞，我还不太确定，我得再考虑考虑。"

很好！

是的，很好！没有比这更好的回答了，除非是对方直接说："杰瑞，事实上我打算捐的是你所要的3倍。"（当然可以！我一直等的就是它。）

现在你有了机会，可以了解对方对于这个项目和募捐请求的真实感受。他的感受你还没有弄清，所以你必须先了解清楚，然后才能继续募捐。你准备了"神奇四问"，只有四个问题，就这么多。

对于上述的回答，我通常是这么回复的：

"玛丽，这是当然，你需要更多的时间来考虑清楚。我提出的募捐数额不小。但请让我来问你几个问题……”

接下来我就会向玛丽提出“神奇四问”，以弄清是什么原因让她犹豫不决。

1. 是慈善组织的原因？
2. 是项目内容的原因？
3. 是捐款金额的原因？
4. 是捐款时间的原因？

在离开之前，我一定要知道她对这几个方面的看法。于是我开始询问。

“刚才我们谈的时候，你好像对我们学校很感兴趣，而且很支持。我没说错吧？”（是慈善组织的原因吗？）

玛丽是这么说的：

“是的，我觉得这个学校很棒。”

很好！第一个问题不是问题了。

“我们聊的越多，我就越觉得你对这个图书馆项目非常关切。你很看重这个项目吧？”（项目内容的原因？）

“你说的很对。我认为，图书馆的建设是眼下我们学校最重要的工作。”

呵呵，第二个问题也过关了。进展很不错。我已经在心里高唱赞美诗了。

“我建议你能考虑捐款 5 万美元。对于这样一个项目，我猜你会愿意捐上这么多的。对吗？”（捐款金额的原因？）

“尽管比我设想的稍微高了些，但似乎还可以。”

没关系。我认为这是个积极的回应。我提出的这个数目大致还算合适。我正在向成功靠近，只剩下最后一个问题了。

“玛丽，你对这个项目真是很关注，是不是捐款时限让你有点担心。如果多给你一两年，让你有时间筹备，也许 5 万美元就不是问题了，而且你似乎也愿意捐这么多的，对吧？”（捐款时间的原因？）

“事实上，我的确有些负担是之前没有预料到的……”

你看到了我是怎么做的，而这也是你需要做的。玛丽最初的回答不能给我们来带任何有用信息。虽然好过直接拒绝，但造成她犹豫不决的问题没有解决。对玛丽而言，犹豫不决只是因为捐款时间的问题，而这个问题很容易解决。

对于每一位募捐对象，你都需要提出“神奇四问”。即使被拒绝，也同样要问。（只要是能问出口的问题，都不算是傻问题。）

斯坦利·马库斯曾在著名的马库斯百货担任过多年的首席执行官，同时也是上世纪最伟大的推销员之一。我曾经问过斯坦利，要是有人对他的募捐请求说“不”，那他怎么想。他是这样回答我的：“我从来不把别人的‘不’当作回答。即使那个人死了，我也只是把他的‘不’当成‘也许’，继续做下去！”

20. 拒绝是苦果，别吃下，就不苦

忏悔有益心灵。我必须承认，在最初开始募捐的时候，我痛恨被人拒绝。那感觉就像是《绿野仙踪》里的铁皮人，在奥兹王国巫师面前畏畏缩缩。

当年的情形是：我刚做完毫无缺陷、精彩绝伦的宣讲，却不得不眼睁睁地看着募捐对象准备发表一番拒绝之词，来结束会谈。在这种拒绝的猛轰之下，我真想找个掩体躲起来。当你站在十字路口，所有的路标都消失了，该往哪里走呢？

但现在我认识到，拒绝其实是你最好的朋友。它们常常只是对方掩盖顾虑的方式，他们需要帮助，需要更多的信息。

现在我欢迎拒绝。真的！我还会努力寻找隐含的或者没说出口的拒绝。

我的认识是：要让募捐对象捐出像样的数目，就必须打消他们的一切顾虑，不论这些顾虑多么不妥当，多么微不足道。

拒绝会让人有种被当面羞辱甚至被人身攻击的感觉。但其实并非如此。通常你的第一反应是防守，然后予以回击。千万不要这么做。

记住，你的工作不是要占据上风，打倒对方，赢得胜利。你的工作是将拒绝转变为支持，赢得对方的心。

我喜欢这样一个故事：工人里面有一个班组长，工作任劳任怨，勤勤恳恳，但十年来都没有升过职。有人问他能不能找出原因，他回答道：“很多年前，我和我的上司有过一次争论，那次我赢了。”

你能否成功筹款，取决于你直面拒绝的能力：要能挺过一次又一次的拒绝，而不失乐观与热情。

你要继续观察、提问，深入了解对方的顾虑；要保持镇定自若、兴致盎然；要表现出充分的理解，信心满满、乐观积极。就按照赫尔曼蛋黄酱罐头后面的说明去做吧：要保鲜，但不要冷冻。

对我来说，被拒绝曾是募捐过程中最糟糕的部分。但现在我终于懂了，拒绝就像砺石，要么把你研为齑粉，要么把你打磨得光彩照人。至于结果是前者还是后者，则完全取决于你自己。

如果你不能直面一切可能的拒绝，你就不会得到你想要的捐款数目。

21. 机遇就在你身旁，只是披着“拒绝”的外衣

募捐过程中，你可能会遇到一些很典型的拒绝，让我来一一列举，并告诉你我通常会如何回应。我会拿医院举例，但其实不管是什么机构，那些拒绝几乎没什么不同。

在本章中，我还会告诉你我常用的一个万能公式。非常简单，就是“感受+同感+发现”（Feel，Felt，Found）。你会发现它非常有用。

“感受”是指你认真聆听对方的拒绝。“同感”是指你能理解对方的处境。“发现”是指存在两全其美的解决方法。

这个公式真的很管用。

提醒一句：在和同一个人的同一场谈话中，这种方法不能使用超过两次，最多三次。否则不一会儿，你的募捐对象就会说：别给我来“感受+同感+发现”这一套了。我知道你要干什么！

以下有3个例子（更多实例见附录B）：

例1

拒绝：我现在不能做决定，我还得和某某商量一下。

回应：这是当然。可能我们刚刚讨论的捐款数目超出了你的预期。你可以好好考虑一下，和你丈夫再商量商量，或者和你的会计师讨论一下。不如我们现在定个时间，看什么时候我能和你们夫妇俩一起见个面。我想亲自和他谈谈这个项目，也许更容易说清它的紧迫性。什么时候方便再见

面呢？

● 或者，感受 + 同感 + 发现

我明白你的感受，要当场做决定总不踏实。事实上，我自己也很讨厌这种感受。所以，当初有人要我捐款的时候，我和你颇有同感。我希望有更多时间考虑，让我能和妻子再商量一下，或者和我的会计师研究一下，看看什么时候捐款最合适。我发现，稍迟点再做决定是很有用的，让我不至于一听到这个项目就兴奋异常、仓促行动。

但是，我知道对于那些还躺在病床上的人们来说，时间是宝贵的，所以当时我就承诺，会在一周内做出决定。对于大多数人来说，一周的时间足够了。那我们什么时候方便再见一次呢？两周之后怎么样？

例 2

拒绝：你把项目材料和认捐意向书留下，我仔细看过之后会把支票寄给你。

回应：我相信你会认真看的，我也很高兴你有意支持这个项目。但是，这个项目对我而言非常重要，我想对你也同样重要，所以我想和你当面讨论下一步该怎么做。这件事我做过保证，所以会全心投入，亲自负责到底。因此，我肯定想和你再谈一次意向书的事情。什么时候方便再见面？你能不能抽出点时间？大约两周之后我们再谈如何？

● 或者，感受 + 同感 + 发现

我知道你的感受。我也曾深有同感，觉得就像一个劲地要你签个什么东西，很担心过后会懊悔。所以当时我就向募捐人提出，要多给我一个礼拜左右的时间来考虑。当时对方向我解释，说回头当面来收取意向书是非常重要的，接着再次回答了我当时的疑问。

不必担心，我不是要劝你再多捐一点钱，我也没那个能耐。我只是发现，其实再见一次面是很有好处的。我那时候也还有些问题需要对方解答，第二次见面时才弄清楚。

后来再次见面，我们对付款方式做了一些特别的调整，而结果也证明，这些调整对我非常有利。假如当初没有第二次面谈，那些调整就无从谈起了。拿出你的日程表吧，看看哪天方便，我们再见面谈一次。两周之后怎么样?

例3

拒绝：现在向我募捐可真不是时候。我要为女儿办婚礼，还要供另一个孩子上大学。

回应：我了解你的困难。我自己也经历过这些。你觉得财力紧张，对吗？所以，我们要谈的重点是：你如何看待这个为医院募捐的项目，还有，要是现在没有这些额外的开销，你会怎么做。

如果你非常关心这家医院——我想你肯定是很关心的，那么捐款时间的问题就很容易解决。你可以几年之后再支付第一笔捐款，而不是非得现在捐。

你打算做些什么，才是这个项目成功的关键，也是我们现在需要了解的要点。让我们花点时间聊聊：如果你现在没有这些额外的开销，你愿意做些什么?

• 或者，感受 + 同感 + 发现

我明白你的感受，真的。你觉得有些开销和孩子的学费就是无底洞。好在这个无底洞其实还是有底的，总会填满。许多人都曾和你有同感，所以，请听听我们的安排吧。

我们发现，要让项目运作下去，最重要的是了解那些和你一样处境的朋友，在这些特殊开销减少之后愿意捐多少。不妨说说你打算怎么做，我也好回去汇报。

这不是什么正式的决定，只是说说你“愿意”怎么做，“想”怎么做。哪怕只在意向中为项目增加些总额，你也能给所有的人带来鼓舞。

……

拒绝是苦涩的。但你必须仔细揣摩，弄清楚对方是否有什么难处。舒伯特在《岩石上的牧羊人》中写到：“我满怀忧伤。快乐已经终结。希望已弃我而去。”我深有同感！

但是，请相信我，拒绝是你的朋友，因为它们会引领你走向募捐的成功。

备注：更多“拒绝 & 回应”请见附录 B

22．前台危机四伏，绝非募捐佳处

“我在哪儿？”

“大厅。”

“我想去哪儿？”

“那个人的办公室。”

“如果我进去会发生什么？”

“最坏的情况就是被轰回大厅。”

“好吧，我现在不就在这儿嘛，所以就算被轰回来又有什么大不了的呢？”

你曾经这样自言自语过吗？我有过。我明白这种感觉，就像是得了一种恐怖的疾病——敲门恐惧症。

我最初的几次募捐拜访都很失败。那种感觉就像割开了脉管，血流不止，头脑一片空白。因为我完全不知道该做什么。

我仍然记得募得第一份捐款时的情景。当时，我感觉越来越接近成功。一切都在计划之中，非常顺利。最后特殊的时刻到了：是该开口要钱了。

我想说：捐款吧！只要承诺了，签字了，经公证之后进入法律程序了，我就把你的车钥匙还给你！但是我没有这么说。我以恰当的方式开口要钱，并得到了捐款。让我高兴的是，捐款者和我一样满意。

这次经历使我明白，为慈善筹款是多么重要、多么有趣的一桩使命。我意识到我的付出正在改变他人的生活、拯救他人的生命。

我从事募捐，为的是建立捐赠基金、提供奖学金、送孩子们去夏令营、购置急需的设备、建造新的游泳池、图书馆和医院。可以说，我和实验室中挑战癌症的大科学家一样重要。因为没有我就没有研究资金。

是我让这一切成为可能。你也会有同样的感受。

我有一个梦想：站在天国华美的门前，圣彼得低头看着我。他手上拿着一份长长的问卷，用低沉的男中音对我说，“你做过什么事，能让你升入天国?”

我告诉圣彼得，一直以来，我都在为至关重要的事业募捐。我是一名圣骑士，为许多重要的慈善组织驰骋征战。

圣彼得面露微笑，说道：“进来吧！我们一直在等你。”

你也是幸运儿。你是一名募捐者。在你们中间，有的人躲躲闪闪，有的人畏畏缩缩，有的人说不喜欢这份工作。但你不一样，你更清楚它的意义。你用自己独特的方式，努力使世界的一角变得更美好。

23. 不问就不知道的事，才有意思

如果你筹不到捐款（有时候真筹不到），通常是由于“十大糟糕因素”。也许还有别的因素，但这10种是最主要的。

想避开这“十大糟糕因素”，你至少要和募捐对象见上一两次。就我的体会而言，筹不到款时，我的第一反应就是干脆躲进书斋，拉下帘子，读读艾米莉·狄金森算了。

但很快我就明白，一个募捐者是不是成功，够不够积极，要看他有没有能力把暂时的挫折和最终的失败区别开来。我有幸拥有了这种越挫越勇的精神。（只要坚持下去，你也能够拥有。）

我要说的倒不是你会不会被拒绝打倒。你当然会被它打倒。但重要的是被打倒后你能否重新站起来。我就能。放弃是最大的悲剧。失败不是罪，丧失斗志才是罪。

以下是需要尽力避免的“十大糟糕因素”：

不打电话安排见面

你犯了最为严重的错误，那就是不打电话安排见面。你一直拖延着。你死盯着电话，一直盯着。你希望电话铃声响起，这样你就不必戳出那个电话号码了。但是，电话始终没响。你却收拾收拾资料转身走了。胆小鬼！

准备不充分

你没有花时间去准备，也没有去了解募捐对象，甚至没有练习。你自认为可以绕过这些。于是，你直接跳到了后面的阶段，心里想着：“我只要上门谈谈，就可以拿到钱了。”结果可想而知，你肯定拿不到钱。史上最伟大的橄榄球教练乔治·艾伦曾经说过，成功的学问，无非是充分的准备。

焦虑

你紧张、不安、浑身不适。这次募捐拜访并不容易，看起来确实很难。

其实，只要你做足了准备，并加以练习，你就能克服焦虑。没什么可紧张的。你知道必须做什么，也受过训练，知道怎么做。

所以，放松点。有些人就是对你追求的事业不感兴趣。没关系。他们有他们的安排，不论你做什么都不会改变他们的想法。转到下一个募捐对象吧。

想当然

你向某个人募捐，以为他对你的组织和你的项目颇为了解，但事实却并非如此。因为你想当然之处太多了，你仓促地向对方开口要钱。

或者鉴于对方近年来积极参与该组织的活动，于是你理所当然地认为他会对这个项目感兴趣。

你以为不需要太多解释，不需要推销梦想，不需要说明他的捐款多么重要。这就是你的想当然！你过早地开口要钱，从第一步直接跳到第九步。你的失败是必然的。

缺少询问

在你宣讲的整个过程中，对方都在赞许地点头、微笑。他所有的肢体语言都在发出积极的信号。你以为募捐已经成功了，就离开了。

你未能询问对方有什么顾虑，弄清他是否还有疑问。最后你才意识到，萧伯纳的精彩戏剧《难以预料》就是你的真实写照。你甚至没有问出那“神奇四问”。

如果你还没有询问，那你的募捐就还没开始。

缺乏倾听

你说得太多，听得太少。你不知道对方对这个活动的看法，因为你把所有的时间都用在说话上面。你没有能“听得捐款”。

你越是专注地聆听别人说话，他们也就越愿意听你说话。把你的注意力全部放在募捐对象身上。

提问的人——也就是你——往往是掌控对话的人。律师盘问嫌疑人就是最好的例子。他会发问、盘诘、验证，从而引导整个审讯过程，有效地控制法官和陪审团听到的内容。

影响谈话结果的是听话者，而不是说话者。掌控谈话的是你，要去倾听！

特色谈得过多，受益谈论不足

你把时间都花在讨论慈善活动的细节和内容上（如待建的体育馆将有

标准尺寸，新会议中心将有 9 个会议室，新图书馆将有 40000 卷藏书等等）。你拿出精美的宣传手册，讲解平面图，但却没有留意到对方已经目光呆滞。

你花了太多时间谈钱，却没花足够的时间来谈对方的投资有望影响什么，改变什么。

宣讲的目的不是推销一个项目或一栋建筑，而是让项目变得形象直观，帮助捐款者看到最终的成果。

你没有花足够的时间去谈这个项目将如何拯救生命、改变生活。你会因此丢掉一个绝佳的机会。

过早推销

你开口要了钱，然后干净利落地结尾，却没有先采取必要的准备步骤。你没有花时间去描绘这个项目，让它听上去有充分的吸引力。你没有询问对方的担忧，也没有提出足够的问题，更没有花时间去倾听。

你看见对方点头赞同，就以为这是任务完成的信号。你从第一垒直接跑到第三垒，压根没碰第二垒。

不谈双赢

从头到尾你都在谈这个项目对于你的组织是多么重要，多么符合它的需求。你甚至还把捐款登记表给对方看，告诉他那些高额捐款有多重要。（给人的感觉是，对方捐出一大笔钱，仅仅是因为慈善组织有需要，或是因为少了这笔钱，这个项目就会失败。）

你没有谈到那些将从项目中受益的人们。更为重要的是，你没有谈到对方将从中获得什么。别忘了，不是你的组织有需要，而是你所服务的人有需要，你筹集的款项是为他们解决难题。

没有开口要钱

最不可饶恕的罪过就是：你根本没有开口要钱。

你的宣讲精彩绝伦。你提了所有恰当的问题，也询问了对方的顾虑。你有条不紊，整个过程非常完美。唯一的“小疏忽”就是，你还没有正式开口要钱就离开了。你陶醉于自己出色的表演，竟然忘了演出最后一幕。

这种罪以前我也犯过。实际上，有时候我还很庆幸自己没有开口要钱就逃出生天了。因为一到开口要钱的时刻，我就感觉舌头僵硬，喉咙干得像撒哈拉沙漠。

如果你非要等待最佳时机，要求时间恰当、条件齐备、机会准确，那你永远都没法开口。

迎头而上吧，去开口要钱。要知道，决定成败的不是你在宣讲中的口才，而是开口要钱这个行动本身。

有一点可以确定：如果你不开口要钱，就永远得不到捐款。

24. 不必一开始就出色，但必须开始变得出色

以下是本书提到过的一系列募捐金规则。让我们像《爱丽丝梦游仙境》中的红心国王说的那样：“从最开始开始说起，说到结束时就结束。”①

• 首先要尽可能了解这个慈善组织的方方面面，包括它的使命和愿景、开展的活动和本次的项目。

• 要确保自己是发自内心地、完全彻底地信赖这一组织，认同这一项目的意义和价值。

• 要尽你所能去了解你将要拜访的募捐对象，并弄清他过去的捐款记录。

• 仔细评估，然后确定你求捐的具体数目。

• 对于求捐的数目，要想好如何表达。在见面之前，要大声练几次。

• 争取到见面的机会，就意味着成功了 85% 。切记，不要在电话上直接募捐。

• 练习！练习！再练习！打电话安排见面之前，写下你要说的话。

• 想出所有对方可能用以拒绝你的理由，提前写下来，练习如何应对。

• 见面时，找个搭档一起去。

---

① 这是《爱丽丝梦游仙境》中一句著名的废话。

- 首先和最有把握搞定的募捐对象见面。
- 记住，对捐款者来说最重要的是：共鸣、活力和热情。
- 见面过程中，要利用好一开始的时间，建立亲密关系。时间长点不要紧，但要记住，你的目的是介绍项目并拿到捐款。
- 弄清对方的关注点是至关重要的。
- 提出开放性问题。
- 倾听。
- 最多只能花 11 分钟来宣讲项目，展示其无可辩驳的合理性。
- 项目情况必须高度相关，极富张力和情感诉求，并传达出一种迫切感。
- 向捐款者说明项目的受益情况。捐款的结果必须是慈善组织和捐款者的双赢。
- 不要让募捐数额主导宣讲过程。宣讲的实质是展现项目的使命，而不是只谈钱。
- 不要拼命谈项目特色。谈谈项目的产出和结果。
- 证明你自己已为之捐款，说说其他人的捐款情况。
- 最终开口要钱时，要这么说："我希望你考虑捐一笔钱……"
- 等待回应。不要打破沉默，无论这沉默会持续多久。
- 不要因拒绝而慌乱。拒绝是最好的朋友。要深入了解对方的顾虑。否则你永远都不知道他对这个项目的真实想法。
- 提出"神奇四问"：是慈善组织的问题？是项目本身的问题？是捐款金额的问题？是捐款时间的问题？
- 离开之前，取得对方的承诺：要么是确定捐款，要么是定下时间下次再谈。

……

现在，你已经掌握了成功的妙法。你开始变得出色。如果你一下子就成功了，可千万别太过惊讶！

25. 每一步都要自信满满，仿佛绝不可能失败

该说的说了，该做的做了。其实很简单，不过就是：

正确的人

以

正确的方式

在

正确的时间

为

正确的事业

向

正确的对象

要

正确的金额

并安排好

正确的后继事宜

而你……就是那个正确的人。

献　辞

谨以此书献给千千万万为崇高的事业募集资金的志愿者和慈善组织员工，献给那些在慈善事业的葡萄园中辛勤劳作的人们。“爱”是语言中最美的动词，“帮助”则紧随其后。你们所有人都在“帮助”。

在募捐方面，不管你是将要开始，还是有过一些经历，都要准备好：你会有成功，也会有失败。但不管结果如何，借用海明威的话来说，你永远都是“赢家和无可争议的胜者”。

上帝保佑你和所有的募捐者。你们的辛劳和智慧拯救了许多人的生命，改变了许多人的生活。20 世纪初杰出福音派传道者约翰·莫特曾说：“为慈善筹款的人有福了，他们将升入天堂，站在殉道圣徒们的右边。”

而这也将是你要站的位置。

后 记

几个月来我一直想做一件事。

我想问问切斯特，他在筹款方面做得到底有多出色。只要看看他做事，我就觉得他是个非常高效的募捐者。

让我来和你说说这个人。说得好听点，他是个经验丰富的“职业筹款人”。其实嘛，他不过是个乞丐，在街头乞讨。

每天晚上六点钟，他都会来到纽约第八十六街和麦迪逊大街交界的转角，出现在纽约人气最旺的超市——“Food Emporium”的门前。

切斯特通常会拿出一个木凳，坐在上面。不论是阴晴雨雪，酷暑寒冬，也不论是工作日还是周末，他都会准时出现，坐在凳子上。那是属于他的角落。而且，我觉得也没人想和他争这块“领地”。

我的住所离这家超市只隔着一个街区，所以常去那儿买东西。我总是晚上过去，碰到过各种天气。切斯特总在老地方。至于他什么时候离开，我就不知道了。我本想问问他，等到再熟一点，还真要问问。

他知道我的名字，怎么知道的我也不清楚，但他就是这种人。他似乎知道每个经常路过这里的人的名字。他的确很擅长这份工作。

“嗨，切斯特。”

“嗨，杰瑞。”

我对他充满好奇，所以有一天我鼓起勇气问他：“切斯特，你在这个转角干得很不错。有多少路过的人会给你钱呢?”

他告诉我，通常有五分之一的过路人会给他钱。碰上好点的日子，能有五分之二。

我想问他情况好的时候一个晚上能赚多少。不，我没打算要转行。我不会放弃自己的那种“筹款”工作，只是好奇而已。

告诉大家这个故事，是想说明一点：如果像切斯特这样的人都能开口要钱，并获得这样的成功，你也可以做到。况且你的各种有利条件他统统没有，包括对捐款对象的调研，IT 支持和募捐培训之类。

你是为了一份伟大的事业开口要钱，因此你成功的把握更大。放心吧!

还有一点非常重要，记住：你不是在乞讨。这一点要牢记在心。你是在邀请人们加入一份崇高的事业，一个为人们排忧解难的项目。

正是因为你，因为你的出色工作，你直接改变了他人的生活、拯救了他人的生命。你才是本书的主角。

顺便说一句，如果你恰巧路过第八十六街和麦迪逊大街的交界处，停下来和切斯特打个招呼吧。告诉他，在纽约街头的“职业筹款人”中，他是最出名的一个。出于同行之间的敬意，请掏几个硬币给他。

附　录

A. 书信范例
   1. 员工写信和志愿者一同拜访
   2. 志愿者写信安排员工拜访
   3. 志愿者写信要求亲自拜访
   4. 写信确认拜访
B. 更多“拒绝 & 回应”
C. 高额捐款者的特征和募捐金额的确定
D. 年度固定捐款与单次高额捐款的对比

A　书信范例

信 1：员工写信和志愿者一同拜访

珍 · 史密斯

凯里街 345 号

米德尔顿市，俄亥俄州 97348

亲爱的吉姆和萨利：

我让桑德拉·盖斯特过几天给你们打电话，确定我们见面的时间。你们也知道，桑德拉管理着米德尔顿学校的发展项目，她是个很优秀的人。

我想你们一定知道我和这所学校之间的密切关系。九年来，我一直服务于学校董事会，亲眼见证了学校全体员工的杰出工作。我的孩子们都在那儿上过学，后来在大学里也都取得了优异的成绩。他们在米德尔顿学校受到了最好的教育。当然，我想你们也深知这一点，要不然也不会把你们的儿子送到那里读书。

我们刚刚发起一项活动，呼吁大家捐建一座新的图书馆，并扩增我们的委托基金。这项活动非常棒！我就不在此赘述了，等我们见面时再详谈。我想，你一定会和我一样，对这个项目很感兴趣。

我们不会向你们要钱，至少在这次见面不会。桑德拉也保证这次不会向你们募捐。

我们只想要一个机会，来介绍这个项目，并询问你们的意见和建议，然后再决定接下来怎么做。见面之后，参不参与完全由你们决定。

非常感谢。我感到荣幸之至，期待很快与你们见面。

此致

敬礼

珍·史密斯

米德尔顿学校董事会成员

信2：志愿者写信安排员工拜访

珍·史密斯

凯里街345号

米德尔顿市，俄亥俄州97348

亲爱的约翰、简：

你们可能知道，我一直参与本镇的救世军活动。我做该组织的董事已经五年了，而我对救世军工作的了解远不止五年。

在我看来，在为人们排忧解难方面，救世军是最有效的组织之一。它把友爱之手伸向穷困潦倒的人、彷徨无措的人、无家可归的人和遭受欺凌的人。在我们社区中，没有哪个组织能够比得上它。

约翰·盖斯特上校是我们镇上救世军组织的指挥官。他的使命感与热忱令我钦佩。

我们即将发起一项新的活动，为无家可归的人们建一所新的庇护中心。我已请盖斯特上校稍后去拜访你们。

我已让他保证，这次不会向你们募捐。这一点你们可以放心。但是，我非常希望他向你们详细介绍这所新的庇护中心，谈谈它对我们社区和急需帮助的人的重要性。我坚信你们会和我一样，认为这个项目非常出色。

我请盖斯特上校向你们介绍这个项目，并征求你们的意见和建议，看看下一步该如何做，以推动项目的进展。顺便说一句，如果你们认为自己并不想做什么，我们也会完全尊重你们的决定。

非常感谢。盖斯特上校非常看重与你们的会面，我特别希望他能见见像你们这样的人。如果你们同意受访，我将不胜荣幸，并深为感谢。

此致

敬礼

珍·史密斯

米德尔顿学校董事会成员

信3：志愿者写信要求亲自拜访

珍·史密斯

凯里街345号

米德尔顿市，俄亥俄州97348

亲爱的彼得、玛丽：

你们可能知道，我担任圣心医院的董事很多年了。在我心目中，它是我们社区最重要的机构之一。

过几天我会打电话给你们，定个时间和你们见一面。我想要和你们谈谈一些很精彩的计划，是关于建立一所新的癌症治疗中心的。我相信你们会和我一样，觉得这个想法很重要。

在我看来，这将是我们社区影响最为深远的项目之一。

你们是否和我一样，曾有亲朋好友因为这样可怕的疾病而离世？那么，这个新的治疗中心将是至关重要的。

这次见面我不会向你们募捐。我保证！谈过之后，如果你们俩决定要做些什么，也完全取决于你们自己。

我非常期待这次见面。过几天我会打电话给你们。

此致

敬礼

珍·史密斯

米德尔顿学校董事会成员

信4：写信确认拜访

珍·史密斯

凯里街345号

米德尔顿市，俄亥俄州97348

亲爱的彼得：

非常感谢你安排这次见面。

我会在下周三晚上七点准时到你家。预计见面时间不会超过一个小时。

真的非常期待见到你和玛丽。

此致

敬礼

珍·史密斯

B　更多“拒绝 & 回应”

拒绝：我们已经给很多慈善组织都捐过钱了。哪有那么多钱再捐给医院啊？

回应：我知道你们的确为我们社区捐了很多钱。事实上，正是知道你们如此慷慨、充满爱心，我才会向你们募捐。

我和我的家人也考虑了很多其他慈善项目。但我们觉得，如果要获得我们期待的那种高质量服务，应该优先考虑医院这个项目。我希望我的家人能够获得良好的医疗服务，我也认为我们的社区理应拥有这样的好医院。

- 或者，感受 + 同感 + 发现

我理解你的感受。我曾和你颇有同感。我也觉得总有人向我募捐，没完没了。但是，我一想到这个医院对我的家人和我们社区是如此重要，就发现必须优先支持这个项目。这个医院对我们来说太重要了。

拒绝：谁说我得捐这么多？

回应：我可以保证，谁也不会要求你一定要捐多少。事实上，我也没那个能耐说服你做不想做的事。但是，如果我们对有些朋友大概会捐多少心里面没底，就不可能发起这场活动，就不可能有成功的把握。

所以，我们组织了一批员工和志愿者，对可能的捐款人进行评估，为每个人定一个比较恰当的建议数额。顺便说一句，我们发现很多人真的不清楚自己该捐多少，最终还是会向我们咨询捐多少比较合适。

我们小组评估了每个潜在捐款人的捐款金额。我们把评估的数字加起来，就能推测这次活动是否能够成功。

但是我可以向你保证，没人会要求你应该捐多少钱。捐多捐少完全取决于你自己，我也会尊重你的决定。无论你捐多少，都没关系。但是基于我们刚才所谈的内容，以及你过去捐过的数额……

- 或者，感受 + 同感 + 发现

天哪，我明白你的感受。第一次有人跟我说，他们认为我该捐多少钱的时候，我气炸了。但后来，对方向我解释说不是要告诉我该捐多少钱。捐多捐少完全取决于我自己。我当时和你颇有同感：我怎么做不需要别人来告诉。

但后来，他向我解释了这个活动的重要性和紧迫性，还告诉我，对于项目的成功和所有受惠的人们而言，我的捐款非常重要。我发现他说的很对。说实话，当时我对捐款并不了解。他的意见对我颇有帮助。

拒绝：现在股市低迷，我的资金全部被套牢了。

回应：我完全理解。我自己也曾遇到过同样的麻烦。但请你理解，我们现在想知道的不过是你“有意”捐多少。这儿有份意向书，你可以先填一填，看看你想为医院和社区的未来做些什么。

至于什么时候捐款，这由你来决定。你可以等到股市情况好一些了再捐。我们现在要知道的是，假设经济状况允许，你“愿意”捐多少。别担心，这份意向书并不是具有法律效力的合同，其实它连合同都算不上。它只是表达了你对这项慈善活动的想法和信念。

- 或者，感受 + 同感 + 发现

我能理解你对股市的感受。我所有的投资似乎都亏过。我也曾深有同感。谁知道要过多久情况才会好转。当时要让我承诺明年之内捐款，我也不会那么做。

但是，项目组的工作人员和我谈了之后，我才发现自己不需要做任何承诺。他们只是想让我表示一下有意捐多少，而且时间方面完全随我。如果我觉得自己无法付清答应过的全部款项，甚至是部分款项，我只要告诉他们一声就可以了。我还请他们定期提醒我，以免忘记。

拒绝：我从不随便做出承诺。

回应：这个项目最好的地方恰恰是针对这一点。我们之间没什么有法律约束力的承诺。我们只是想知道，你在今后三年打算做些什么。如果你身体健康、生意兴隆、家人平安，你愿意为这个重要的项目做些什么呢？

我们会记录下你的捐款意向，医院每年会给你发一份提醒，请你留意一下当初的表示。但是，如果有时候你无法做到，不论任何原因，只要告诉项目组一声就行。

顺便说一句，这份意愿书不会对你的财产有任何影响。我们只需要知道，在今后三年里，你打算做些什么。

- 或者，感受 + 同感 + 发现

我了解你对承诺的感受。我们不能预知未来，不知道今后的收入如何，家庭和财务状况怎样。以前我也和你颇有同感。但后来我发现，医院不过要我表示一下，如果今后个人和家庭一切顺利，我愿意怎么做。我非常关心这家医院，也愿意以这种方式尽自己的绵薄之力。我明白，这种意向并不受法律约束。不过他们仍会为我做个记录，这个项目正是这一点很合我意。

拒绝：医药费高得离谱。哪怕只是开车经过那家医院，我都觉得胆战心惊。

回应：现在的医药费的确很高。但是要提供良好的医疗服务也不简单，当然要耗费巨资。而且我们的医院已经是全州收费最低的医院之一了。另外，我们还对很多患者进行慈善义诊。当然，这也是我们应该做的。

想必你也知道，医保赔付仅仅承担一部分的花销。正因如此，这个项目才如此重要。我们没有多余的储备可用，也不想靠贷款，免得给今后的运营增加负担。

• 或者，感受 + 同感 + 发现

我很清楚你的感受。我上一次挂了急诊，花费让人咋舌。说到医院的收费，我也曾深有同感，真是太贵了。后来我开始做些调查，还和一些管理人员谈过，结果发现了一些以前不了解的事。

我发现，这家医院已经将费用降至最低了。我曾做过调查，也确信这点不假。事实上，他们的医药费几乎是全州最低的，而服务和资质却是全州最高的。

我还发现，如果我们为这次的项目去贷款，那就得年复一年地偿还，从而给所有患者造成沉重的负担。

这就是借钱的麻烦，借了就必须要还。正因如此，这个募捐活动就非常重要了。它是一项面向整个社区、面向未来的投资。

拒绝：我每年都会给这家医院捐钱。为什么你们不把我捐的钱用在这个重大项目上？我真不在意你们把那些钱用在哪。

回应：你每年的固定捐款对我们来说至关重要。如果没有你和其他朋友持续不断的年度捐款，很多项目和服务我们也无法做起来。

这次重大项目是为了我们社区的未来，满足今后十年的医疗需求。我希望你能维持每年的固定捐款，但现在我们先来谈谈这个项目吧。

• 或者，感受 + 同感 + 发现

我了解你对此的感受。多年来，我们一直都在为医院捐款。事实上，我认为这样的捐款够好了，已经尽了自己的一份力。我也曾和你深有同感，但当我开始了解情况之后，却有了新的发现。

你也许并不知道，这家医院现在的确是挣多少花多少的，攒不下钱。到了年底一算，收入抵掉开销，盈余只有大约 2%。过去可不是这样，可现在确实如此，而且情况正在变得更糟。

因此，医院在很大程度上要依靠大家每年的固定捐款来维持运营。我了解得越深，就越是确信这样的捐款是不可或缺的。这些钱我们不会乱动。不过，考虑到这个重大项目的需要，我们决定单独安排一个重大的募捐活动。

……

我在此列举的拒绝都是和医院相关的，但如果你为大学、基督教青年会、博物馆或者其他组织募捐，你所遇到的拒绝并无二致。学学这些拒绝该怎么回应，试着用你自己的话去说。你会成功的。

C. 高额捐款者的特征和募捐金额的确定

你会发现，大多数高额捐款者都有一些共同特征。当然，有一些会例外。但是看看以下几点，如果你的募捐对象符合大多数的条件，那么你获得捐款就十拿九稳了。以下就是高额捐款者的特征：

1. 资本净值高。他拥有足够财力来承担大额捐赠，达到你期待的数额。

2. 有充足的可支配收入实现高额捐款。

3. 坚定地认可你所在慈善组织的使命，或者即使他并不十分了解你的组织，但却热心于你所提供的这类服务。

4. 长期固定每年向你的组织捐款。

5. 拥有博爱精神、做慈善的意愿和经历。

6. 曾经或现在担任慈善组织董事，并且是一名积极的志愿者。

7. 没有制约捐款的家庭负担。例如，无需赡养前任，无需抚养孙辈，家中没有老人或子女需要照料。

以下是三条通用法则，会对你很有帮助：

1. 募捐对象年收入的 10% 等于他 5 年承诺捐款期中的捐款总能力。

例：年收入 20 万美元乘以 10% 等于 2 万美元，这就是说 5 年内每年的捐款额为 4000 美元。

2. 募捐对象资产净值的 2% 至 5% 等于他 5 年承诺捐款期内的捐款总额。

例：资产净值为 200 万美元，资产净值的 2% 至 5% 是 4 万至 10 万美元，那么 5 年内每年的捐款额为 8000 至 2 万美元。

3. 资产净值等于年收入的 10 倍。

例：年收入为 20 万美元，资产净值为 20 万乘以 10，即 200 万美元。

D. 年度固定捐款与单次高额捐款的对比

持续的年度固定捐款和单次的高额捐款有着迥然不同的特征。在募捐的时候，要注意二者各自的特征。

固定捐款	高额捐款
用以维持组织日常运作，以保障持续服务	用以建立基金，购置特殊设备，或开展建设项目
经常有人募捐	偶尔有人募捐
数额固定的年度捐赠	常为年度固定捐款额的 10 至 25 倍
迅速决定	需要更多时间考虑
理性：我理所当然会这么做	感性：捐款带来巨大快乐
最好亲自拜访	必须亲自拜访
可以独自募捐	最好两人或者多人搭档
不需要专业帮助	可能需要律师、会计等
募捐对象的配偶不一定需要在场	募捐对象的配偶应该在场
志愿者可以处理	可能需要首席执行官或董事会成员、志愿者一起处理
通常一次见面就足够	可能需要两三次见面和后续跟进
来自收入	来自资产
现款支付	3 至 5 年付款期
对慈善组织有好处	对捐款者的生活带来好处

编后记

2011年初，我与联合国资深同传、翻译学院客座教授陈峰校友以及翻译学院朱力安、刘昊校友合作出版了译著《象牙塔里的乞丐——美国高等教育筹款史》。这年11月，因工作调动，我从校友事务与教育发展办公室来到了外国语学院、翻译学院。得知此消息后，陈峰教授提醒我要重视、关注、支持年轻的翻译学院的发展，建议在这个良好的语言教学研究平台上，继续组织翻译一些关于公益慈善领域的书籍，为翻译学院的老师、学生创造实践的机会，为翻译学院积累一些自己的翻译作品。确实，近些年国内公益慈善事业蓬勃发展，但是这方面的专业书籍相对缺乏，业界正有此需求。这个想法得到了长江学者、外语与翻译大学院院长、翻译学院院长黄国文教授的大力支持和推动。

2012年4月，我和翻译学院骆雪娟、赵睿、曾记、招晓杏、张嘉、郭聪等老师一起，向学校申请设立了一个“慈善著作翻译”的横向课题。广东顶固集创家居股份有限公司董事长林新达校友慷慨捐资，使这个课题得以立项。公益慈善领域的英文原版书籍林林总总，编委会的专家们提供了十分有价值的遴选意见。比如，美国北加州校友陈硕博士推荐了《Fundraising for Social Change》一书，这本书作为公益慈善领域和大学教材的经典被多次再版，现在已是第六版；新加坡资深筹款人许寰森先生推荐了美国慈善畅销书作家 Jerold Panas（杰罗德·帕纳斯）的著作。结合专家的意见，我们最终选择翻译《Inspired Philanthropy》（《手把手教你做公益》）、《Fundraising for Social Change》（《成功筹款宝典》）、《Asking》（《教你如何口到钱来》）等三部著作，连同修订再版的译著《美国高等教育筹款史》，四种译著集结成《当代公益慈善译丛》，交由广东人民出版社出版。

在繁重的日常工作之余，大家克服了各种困难，顺利完成了翻译计划。翻译系骆雪娟、赵睿两位老师精心组织、协调翻译项目的工作开展；翻译学院曾记、招晓杏、张嘉、周展红、郭聪等老师以及陈岑、金小薇、汤楚珊等同学承担了著作的翻译工作；联合国资深翻译、翻译学院客座教授陈峰、朱海鸣以及翻译学院周展红、苏娉、廖思梅等老师担任译校。

感谢上述诸位的辛勤付出。

感谢北京师范大学中国公益研究院院长王振耀教授，中山大学中国公益慈善研究院执行院长朱健刚教授，清华大学教育基金会原秘书长黄健华研究员，浙江大学校长助理、校友总会副会长张美凤研究员的大力支持。

感谢翻译学院王宾教授，林裕音教授，罗斌副教授，谢桂霞博士和外语与翻译大学院副院长常晨光教授，外语教学中心主任、外国语学院王东风教授的支持和指导。

感谢广东人民出版社编辑卢雪华女士富有成效的工作。

希望通过《当代公益慈善译丛》抛砖引玉，能够给从事公益慈善事业的人士一点帮助和启发。

《当代公益慈善译丛》刊行之时，正值中山大学翻译学院成立十周年之际，谨将此译丛献给翻译学院十周年华诞。

许东黎

中山大学外语与翻译大学院党委书记

博士，研究员

2015 年 11 月